Introduction

Dans l'arène numérique mouvementée du commerce moderne, la fusion entre la technologie et la psychologie a donné naissance à une expérience d'achat en constante évolution. Bienvenue dans « E-commerce et la Psychologie de l'Argent », un voyage fascinant à travers les coulisses du commerce en ligne, où les pixels sur l'écran ne sont que le début d'une aventure profondément ancrée dans l'esprit humain.

Imaginez-vous dans un marché mondial où chaque clic, chaque choix de couleur, chaque offre promotionnelle sont minutieusement conçus pour susciter des réponses émotionnelles et déclencher une transaction. L'e-commerce n'est plus simplement une transaction commerciale ; c'est une danse complexe entre l'interface utilisateur et la psyché du consommateur.

Dans ce livre, nous explorerons les fondements de l'e-commerce et plongerons dans les méandres de la psychologie de l'argent qui guident les décisions d'achat en ligne. Des premières impressions du site web aux subtilités de la tarification, nous dévoilerons les secrets qui font basculer la balance du choix dans le monde virtuel du shopping.

Nous vous inviterons à découvrir comment la confiance, les incitations à l'achat et la fidélisation des clients sont tissées dans la trame même du commerce en ligne. À travers des exemples concrets, nous analyserons des succès éclatants et des échecs retentissants, offrant une vision approfondie de ce qui fait prospérer ou échouer un commerce en ligne.

Alors, ouvrez la porte de cette exploration captivante, où le virtuel rencontre le réel, et où chaque transaction devient une histoire racontée par la psychologie de l'argent.

Fondements de l'e-commerce : Évolution du Commerce en Ligne

L'histoire du commerce en ligne débute dans les années 1970 avec les premières transactions électroniques expérimentales. Cependant, il faut attendre les années 1990 pour voir émerger des initiatives concrètes, comme la création de la première boutique en ligne par le groupe de rock Sting en 1994 pour la vente de marchandises liées à son album. Ces débuts modestes marquent l'exploration courageuse de territoires inconnus du cyberespace, où la confiance des consommateurs n'était pas encore solidement établie.

L'évolution a pris un tournant significatif avec l'avènement des protocoles de sécurité tels que SSL (Secure Sockets Layer), qui ont permis des transactions en ligne plus sûres. Un exemple notable de cette période est la création d'Amazon en 1994, initialement en tant que librairie en ligne. L'établissement de mécanismes de confiance, tels que les avis clients et les garanties de remboursement, a été crucial pour surmonter les appréhensions liées aux achats en ligne.

Les années 2000 ont été témoins d'une croissance fulgurante, marquée par l'émergence de géants tels qu'eBay, Alibaba et l'expansion rapide d'Amazon vers diverses catégories de produits. Cette période a transformé les habitudes d'achat, attirant un nombre croissant de consommateurs vers les plateformes en ligne.

Tendances Actuelles dans le Secteur

Personnalisation par l'IA : L'intelligence artificielle (IA) alimente la personnalisation des expériences d'achat. Des plateformes comme Netflix et Amazon utilisent des algorithmes sophistiqués pour recommander des produits ou du contenu basé sur les préférences passées, créant une expérience personnalisée pour chaque utilisateur.

Interfaces Immersives : La réalité virtuelle (RV) est intégrée pour offrir des expériences d'achat plus immersives. Par exemple, IKEA utilise la RV pour permettre aux clients de visualiser virtuellement des meubles dans leurs propres espaces avant d'acheter.

Durabilité Environnementale : Des marques comme Patagonia intègrent des pratiques durables, du choix des matériaux à la réduction des déchets. La sensibilisation croissante des consommateurs à l'impact environnemental influence leurs choix d'achat.

Achats via les Réseaux Sociaux : Les réseaux sociaux tels qu'Instagram permettent aux utilisateurs d'acheter des produits directement depuis les publications. Les marques utilisent ces plates-formes pour créer des expériences d'achat transparentes et interactives.

Modèles d'Abonnement : Des entreprises comme Dollar Shave Club ou Netflix proposent des modèles d'abonnement, offrant aux clients une expérience continue et régulière, tout en assurant un flux de revenus stable pour l'entreprise.

Stratégies de Marketing Axées sur l'Expérience : Nike, par exemple, adopte des stratégies de marketing axées sur l'expérience, en organisant des événements interactifs et en utilisant des applications pour créer une connexion émotionnelle avec les consommateurs.

Naviguer dans les Eaux du Commerce en Ligne Moderne

Comprendre l'évolution du commerce en ligne implique d'anticiper les tendances actuelles qui redéfinissent les interactions commerciales. L'intégration intelligente de technologies, la réponse aux préoccupations des consommateurs et l'innovation continue sont des impératifs. Les entreprises doivent non seulement s'adapter aux changements technologiques, mais aussi comprendre les préférences changeantes des consommateurs pour rester pertinentes dans un paysage en mutation constante. Ce chapitre offre un aperçu détaillé des jalons du passé et des tendances contemporaines qui guideront l'avenir du commerce en ligne.

Psychologie de l'Achat en Ligne : Comportement des Consommateurs

Au cœur de chaque transaction en ligne réside le fascinant comportement des consommateurs, un vaste univers de motivations, de préférences et de dynamiques psychologiques. Comprendre comment les individus interagissent avec les plateformes d'e-commerce, ce qui les incite à explorer, à choisir, et à finaliser un achat est essentiel pour toute entreprise cherchant à prospérer dans le monde numérique.

Des motifs d'achat impulsif aux décisions méthodiques basées sur la recherche, le comportement des consommateurs en ligne est influencé par des facteurs tels que la commodité, la confiance, et l'expérience utilisateur. L'ère numérique a également vu émerger de nouvelles formes d'interaction, telles que les évaluations en ligne, les recommandations automatisées, et les communautés virtuelles d'acheteurs, toutes contribuant à façonner la manière dont les consommateurs perçoivent et choisissent les produits en ligne.

Exemple concret : Imaginons un consommateur à la recherche d'un nouvel ordinateur portable. Son comportement pourrait être impulsif s'il est attiré par une offre limitée dans le temps. À l'inverse, s'il s'agit d'un professionnel de l'informatique, il pourrait adopter une approche méthodique en faisant des recherches approfondies sur les performances, les avis en ligne et les spécifications techniques.

Facteurs Influencant les Décisions d'Achat :

Les décisions d'achat en ligne sont le résultat d'une multitude de facteurs complexes. Du prix perçu à la qualité du service client, chaque élément joue un rôle crucial dans le processus décisionnel. Les entreprises qui comprennent ces facteurs peuvent adapter leurs stratégies pour mieux répondre aux besoins émotionnels et pratiques des consommateurs.

La psychologie de l'achat en ligne est souvent façonnée par des éléments tels que la peur de manquer une bonne affaire, le besoin de validation sociale à travers les achats, et la recherche de solutions aux problèmes quotidiens. La transparence des informations, la simplicité du processus d'achat, et la personnalisation des offres sont autant de leviers qui peuvent influencer positivement ces décisions.

Exemple concret : Considérons un consommateur soucieux de son empreinte environnementale. Il pourrait être fortement influencé par des entreprises qui mettent en avant leur engagement envers la durabilité, même si les produits sont légèrement plus chers. Ce consommateur privilégiera probablement l'impact écologique positif au coût initial.

DANS CE CHAPITRE, nous explorerons les méandres du comportement des consommateurs en ligne, plongeant dans les motivations qui guident leurs choix. En parallèle, nous examinerons de près les multiples facteurs qui interviennent dans le processus décisionnel, offrant ainsi une perspective éclairante pour les entrepreneurs et marketeurs cherchant à créer des expériences d'achat en ligne irrésistibles.

La Première Impression du Site : Design et Convivialité

Lorsque les visiteurs atterrissent sur un site d'e-commerce, la première impression est souvent la plus cruciale. Le design et la convivialité de la plateforme façonnent instantanément la perception du consommateur, influençant sa décision de rester et d'explorer ou de passer à autre chose.

Un design intuitif, une navigation fluide et une esthétique visuelle attrayante sont des éléments clés. Les consommateurs modernes recherchent une expérience visuelle plaisante et une facilité d'utilisation qui élimine toute friction dans leur parcours d'achat en ligne.

Exemple concret : Imaginez un site d'habillement en ligne avec une interface intuitive et des images haute résolution mettant en valeur chaque détail des vêtements. La navigation simple et les catégories bien définies permettent aux visiteurs de trouver rapidement ce qu'ils recherchent, créant une expérience agréable dès la première interaction. Le bouton "Ajouter au panier" est clairement visible, incitant les utilisateurs à passer à l'étape suivante.

Impact Psychologique de la Page d'Accueil :

La page d'accueil d'un site est la vitrine virtuelle qui accueille les visiteurs. Son impact psychologique va au-delà de l'esthétique, influençant les émotions et les perceptions des consommateurs. Des éléments tels que la disposition des produits, les couleurs choisies, et le langage utilisé créent une atmosphère qui peut évoquer confiance, engagement, ou même l'excitation d'une découverte.

Les appels à l'action stratégiquement placés, les images évocatrices, et les témoignages visibles contribuent à forger une première impression positive. Une page d'accueil bien pensée n'est pas simplement esthétique, elle est une passerelle vers une expérience d'achat mémorable.

Exemple concret : Considérons une page d'accueil avec des visuels de produits bien agencés, utilisant des couleurs apaisantes et des images représentant des utilisateurs satisfaits. Des boutons d'appel à l'action soigneusement positionnés dirigent les visiteurs vers des offres spéciales ou des catégories populaires, incitant à une exploration plus approfondie. De plus, des témoignages clients authentiques créent un sentiment de confiance, renforçant la crédibilité de la marque.

DANS CE CHAPITRE, nous plongerons dans l'univers du design et de la convivialité des sites d'e-commerce, explorant comment la première impression est façonnée, et comment une page d'accueil peut devenir une *force puissante, déclenchant des réponses psychologiques qui laissent une empreinte durable sur l'esprit des visiteurs. Nous examinerons des études de cas approfondies pour illustrer comment certaines marques ont réussi à créer des pages d'accueil captivantes et à susciter des réponses émotionnelles positives chez leurs visiteurs.*

.

Prix et Perception de la Valeur : Stratégies de Tarification

Dans le monde du commerce en ligne, la tarification est une danse délicate entre compétitivité et perception de la valeur. Les stratégies de tarification varient, des prix haut de gamme qui insinuent exclusivité aux rabais stratégiques qui incitent à l'action. Choisir la bonne approche peut déterminer le succès d'un produit sur le marché numérique.

Des modèles tels que le prix dynamique, les forfaits, et les offres groupées sont autant d'outils à disposition des entreprises. L'adaptation à la dynamique du marché, la compréhension des comportements d'achat, et l'alignement sur la proposition de valeur sont des éléments clés dans l'élaboration de stratégies de tarification réussies.

Exemple concret : Un site d'abonnement de streaming musical peut adopter une stratégie de tarification basée sur des forfaits, offrant des options premium pour les audiophiles et des plans plus abordables pour les utilisateurs occasionnels. Cette approche permet d'attirer une clientèle diversifiée tout en maximisant les revenus.

Perception de la Qualité en Fonction du Prix :

La relation entre le prix et la qualité est profondément enracinée dans l'esprit des consommateurs. Une tarification élevée peut souvent être interprétée comme une indication de qualité supérieure, tandis que des prix plus bas peuvent susciter des doutes quant à la fiabilité du produit. La psychologie derrière cette perception influence directement les décisions d'achat en ligne.

Créer une juste valeur perçue est un art délicat. Il s'agit de démontrer que le prix reflète la qualité et les avantages du produit. Des éléments tels que des descriptions détaillées, des comparaisons avec des concurrents, et des témoignages clients peuvent tous contribuer à renforcer cette perception de manière positive.

Exemple concret : Un fabricant de montres de luxe peut justifier des prix élevés en mettant en avant des matériaux de haute qualité, un artisanat exceptionnel et une exclusivité limitée. Des détails techniques et des critiques positives renforcent la perception de qualité, justifiant ainsi le prix élevé.

Au sein de ce chapitre, nous plongerons dans l'univers complexe des prix et de la perception de la valeur dans le contexte du commerce électronique. Nous explorerons les différentes stratégies de tarification et analyserons *comment la psychologie des consommateurs interagit avec le prix pour influencer leurs décisions d'achat en ligne.*

comment la psychologie des consommateurs interagit avec le prix pour influencer leurs décisions d'achat en ligne.

Les Incitations à l'Achat : Réductions, Promotions et Codes Promo

Les mécanismes d'incitation à l'achat jouent un rôle essentiel dans le commerce en ligne, créant une dynamique où les consommateurs se sentent encouragés à passer à l'action. Les réductions attractives, les promotions temporaires et les codes promo offrent des incitations tangibles qui captent l'attention et stimulent le désir d'achat.

Les codes promo, en particulier, sont devenus des leviers puissants pour générer de l'engagement. Ils offrent aux consommateurs une expérience personnalisée, renforçant le sentiment de recevoir une offre exclusive. Les stratégies de tarification dynamique, telles que les remises progressives, peuvent également être utilisées pour maximiser l'impact de ces incitations.

Exemple concret : Un site de commerce électronique de vêtements peut utiliser un code promo personnalisé pour offrir une réduction de 20% sur la première commande d'un client. Cette incitation spécifique crée un lien émotionnel avec le consommateur, l'encourageant à effectuer un achat initial.

Effet de l'Urgence et de la Rareté :

L'urgence et la rareté sont des catalyseurs psychologiques puissants qui alimentent le sentiment de manque. Des promotions limitées dans le temps ou des stocks limités créent un climat d'urgence, incitant les consommateurs à agir rapidement par peur de rater une opportunité unique. La rareté, qu'elle soit réelle ou perçue, élève la valeur perçue d'un produit, faisant naître le désir de posséder quelque chose d'exceptionnel.

Ces tactiques, souvent utilisées dans le cadre de ventes flash ou d'offres exclusives, exploitent la nature impulsive de certaines décisions d'achat en ligne. Toutefois, leur efficacité dépend de la crédibilité et de la transparence avec lesquelles elles sont mises en œuvre.

Exemple concret : Un site d'électronique grand public peut lancer une vente flash de 24 heures avec des réductions significatives sur certains produits. L'annonce de la vente flash, combinée à un compte à rebours visuel sur le site, crée un sentiment d'urgence, incitant les consommateurs à agir rapidement pour bénéficier des offres spéciales.

DANS CE CHAPITRE, nous explorerons comment les réductions, promotions et mécanismes de rareté façonnent le comportement d'achat en ligne. En analysant l'impact psychologique de l'urgence et de la rareté, nous *découvrirons comment ces stratégies peuvent être habilement utilisées pour stimuler l'engagement et accélérer les décisions d'achat.*

La Confiance en Ligne : Sécurité des Transactions

La confiance est le pilier du commerce en ligne, et rien n'est plus essentiel que la sécurité des transactions. Les consommateurs doivent avoir l'assurance que leurs informations financières sont traitées de manière sécurisée. La mise en place de protocoles de sécurité robustes, tels que le chiffrement SSL, et la communication transparente sur les mesures de protection renforcent la confiance des utilisateurs.

Les garanties de remboursement, les politiques de confidentialité claires et les processus de paiement simples contribuent également à instaurer un environnement sûr. Les entreprises qui investissent dans la sécurisation des transactions en ligne créent une fondation solide pour bâtir la confiance avec leur clientèle.

Exemple concret : Un site de commerce électronique de produits haut de gamme peut mettre en avant un système de paiement sécurisé avec la technologie de chiffrement SSL. En outre, il peut offrir une garantie de remboursement intégral dans les 30 jours pour rassurer les clients sur la qualité de leurs achats.

Avis Clients et Témoignages :

Les avis clients et les témoignages sont des outils puissants pour établir la crédibilité en ligne. Les consommateurs accordent une grande valeur aux expériences partagées par d'autres utilisateurs. Des plateformes d'avis authentiques, visibles et gérées de manière transparente, renforcent la confiance en fournissant des informations impartiales sur la qualité des produits et services.

Les témoignages personnalisés créent un lien émotionnel avec les clients potentiels, démontrant de manière tangible les avantages réels des produits ou services. Les entreprises qui encouragent et répondent aux avis, positifs comme négatifs, montrent un engagement envers la transparence et la satisfaction client.

Exemple concret : Un site de réservation en ligne peut afficher les avis vérifiés des clients ayant séjourné dans des hôtels ou utilisé des services de voyage. Les réponses de l'entreprise aux commentaires, montrant comment elle résout les problèmes, renforcent la confiance en démontrant un engagement envers l'excellence du service.

DANS CE CHAPITRE, nous plongerons dans l'importance cruciale de la confiance en ligne dans le contexte du commerce électronique. En examinant les aspects de la sécurité des transactions et en explorant le rôle vital des avis clients, nous découvrirons comment la confiance devient un actif stratégique, formant la base d'une relation durable entre les entreprises en ligne et leurs clients.

La Fidélisation des Clients : Programme de Fidélité

Les programmes de fidélité sont des leviers puissants pour cultiver des relations à long terme avec les clients. En offrant des récompenses, des remises exclusives et des avantages spéciaux, les entreprises incitent les clients à revenir régulièrement. Ces programmes ne se limitent pas seulement à des avantages financiers, mais visent également à renforcer le lien émotionnel entre la marque et le consommateur.

Des points de fidélité, des offres personnalisées, et des accès anticipés à de nouveaux produits sont autant d'éléments qui peuvent constituer un programme de fidélité attractif. La clé réside dans la compréhension des besoins et préférences des clients, afin d'offrir des avantages qui résonnent avec leur expérience d'achat.

Exemple concret : Une chaîne de cafés peut mettre en place un programme de fidélité offrant des points pour chaque achat, qui peuvent ensuite être échangés contre des boissons gratuites, des réductions ou même des événements exclusifs. Cette approche crée une incitation à revenir tout en renforçant l'attachement émotionnel des clients à la marque.

Communication Efficace pour Encourager le Retour :

La communication joue un rôle central dans le maintien de la fidélité des clients. Des newsletters personnalisées, des notifications sur les offres exclusives et des rappels de points de fidélité sont autant de moyens de rester en contact avec les clients et de les encourager à revenir. La communication efficace va au-delà de la simple promotion ; elle vise à créer une connexion continue.

La personnalisation est essentielle dans la communication de fidélisation. En comprenant le comportement d'achat passé, les préférences et les retours des clients, les entreprises peuvent adapter leurs messages pour créer une expérience personnalisée, renforçant ainsi le sentiment d'appartenance à une communauté.

Exemple concret : Un site de commerce électronique de vêtements peut envoyer des notifications personnalisées aux clients fidèles pour les informer des nouvelles collections correspondant à leurs préférences. Ces communications spécifiques renforcent l'idée que la marque comprend les besoins individuels de chaque client.

DANS CE CHAPITRE, nous explorerons la fidélisation des clients en examinant comment les programmes de fidélité et une communication efficace peuvent transformer une transaction unique en une relation durable. En comprenant les mécanismes qui favorisent la fidélité, les entreprises peuvent forger des liens solides avec leur clientèle

L'Impact des Émotions sur les Décisions d'Achat : Utilisation de l'Émotion dans le Marketing

Les émotions sont des catalyseurs puissants dans le processus d'achat en ligne. Le marketing émotionnel vise à susciter des sentiments qui influencent positivement les décisions d'achat. Des campagnes qui évoquent la joie, la nostalgie, ou même le sentiment d'appartenance peuvent créer une connexion émotionnelle profonde avec les consommateurs.

Des éléments visuels, tels que des images évocatrices, et des histoires captivantes sont des outils essentiels dans l'arsenal du marketing émotionnel. La création d'une expérience qui transcende la simple transaction transforme le produit ou le service en une partie intégrante du vécu émotionnel du consommateur.

Exemple concret : Une marque de produits de bien-être peut lancer une campagne mettant en avant des témoignages de clients exprimant la joie et le bien-être que leurs produits ont apportés. Des visuels chaleureux et apaisants renforcent l'impact émotionnel, créant une association positive avec la marque.

Gestion des Retours Émotionnels Négatifs :

Les retours émotionnels négatifs sont inévitables, mais la manière dont une entreprise les gère peut faire toute la différence. La transparence, l'empathie et une communication ouverte sont essentielles pour transformer une expérience négative en une opportunité de fidélisation.

La résolution rapide des problèmes, des excuses authentiques et des actions correctives visibles renforcent la confiance des clients. Les entreprises qui comprennent l'impact émotionnel des expériences négatives et qui réagissent de manière proactive peuvent transformer des situations délicates en occasions de renforcer la réputation de la marque.

Exemple concret : Un service client réactif peut répondre rapidement à un client mécontent, s'excuser pour son expérience négative, et offrir une solution, comme un remboursement ou un produit de remplacement. Cette approche montre une prise en compte des émotions du client et un engagement envers sa satisfaction.

DANS CE CHAPITRE, nous explorerons l'intrication complexe entre les émotions et les décisions d'achat en ligne. En analysant comment l'émotion peut être utilisée dans le marketing pour influencer positivement les choix des consommateurs, et en examinant les stratégies pour gérer efficacement les retours émotionnels négatifs, nous dévoilerons les subtilités de cet aspect crucial du commerce électronique.

Cas d'Étude : Succès et Échecs dans le Monde de l'E-commerce

Analyses de Succès d'E-commerce :

Examiner des cas de succès dans le monde de l'e-commerce offre des leçons inestimables. Des entreprises qui ont su conquérir le marché en ligne ont souvent des stratégies innovantes, une compréhension profonde de leur public cible, et une exécution exceptionnelle. Nous explorerons ces réussites pour extraire des insights sur les éléments clés qui ont contribué à leur succès, que ce soit une expérience utilisateur exceptionnelle, des stratégies de marketing novatrices, ou une adaptation rapide aux tendances émergentes.

Exemple concret : La success story d'Alibaba repose sur une compréhension approfondie du marché chinois, une plateforme technologique robuste et des stratégies logistiques innovantes. Leur modèle B2B a permis de créer une place de marché en ligne massive, connectant des entreprises du monde entier.

Apprendre des Erreurs Courantes :

Les échecs sont tout aussi instructifs que les succès. Analyser les erreurs courantes commises dans le domaine de l'e-commerce offre des avertissements précieux. Des stratégies de tarification mal calibrées, des lacunes dans la sécurité des transactions, ou un manque de compréhension du comportement des consommateurs peuvent conduire à des échecs. En étudiant ces erreurs, nous découvrirons les pièges à éviter, les signaux d'alarme à surveiller et les ajustements nécessaires pour garantir le succès à long terme d'une entreprise en ligne.

Exemple concret : Le cas de l'échec de la start-up Juicero, qui proposait une presse à jus connectée, souligne l'importance de l'alignement entre la proposition de valeur, le prix et les besoins du marché. Le produit n'a pas répondu aux attentes des consommateurs, entraînant un échec commercial.

À travers ces études de cas, nous parcourrons le spectre des triomphes et des revers du commerce électronique. En comprenant les facteurs qui ont contribué au succès des uns et les erreurs qui ont conduit à l'échec des autres, nous pourrons tirer des enseignements essentiels pour guider les entrepreneurs et les professionnels du marketing dans la formulation de leurs propres stratégies en ligne.

Perspectives Futures de l'E-commerce

Nouvelles Tendances :

L'e-commerce est en perpétuelle mutation, et comprendre les tendances émergentes est crucial pour rester en tête de la courbe. L'intégration croissante de la réalité virtuelle et augmentée dans l'expérience d'achat, le boom des achats via les réseaux sociaux, et l'essor continu du commerce vocal sont autant de tendances qui redéfiniront le paysage du commerce en ligne.

- Exemple concret : L'utilisation de la réalité augmentée par des entreprises de mode permet aux consommateurs d'essayer virtuellement des vêtements avant l'achat, améliorant ainsi l'expérience d'achat en ligne.

Les avancées technologiques, telles que l'intelligence artificielle, joueront un rôle de plus en plus important, de la personnalisation des recommandations à l'automatisation des processus logistiques. L'éco-responsabilité et la durabilité devraient également rester au premier plan, influençant les choix des consommateurs et les pratiques des entreprises.

*Exemple concret : L'utilisation de l'intelligence artificielle pour anticiper les préférences des clients et personnaliser les offres en temps réel, améliorant ainsi l'efficacité des campagnes marketing.

Évolution de la Psychologie de l'Argent en Ligne :

La psychologie de l'argent en ligne continuera d'évoluer à mesure que de nouvelles méthodes de paiement émergent et que les consommateurs adoptent des attitudes différentes envers la valeur monétaire. Les cryptomonnaies, les paiements sans contact et d'autres innovations auront un impact sur la perception de la sécurité et de la commodité des transactions en ligne.

L'expérience utilisateur et la confiance dans les systèmes financiers numériques joueront un rôle clé. Comprendre comment ces changements influencent le comportement d'achat en ligne permettra aux entreprises de s'adapter et de créer des expériences qui résonnent avec les attentes changeantes des consommateurs.

Exemple concret : L'adoption croissante des paiements en cryptomonnaie dans certains secteurs, offrant aux consommateurs une alternative sécurisée et décentralisée aux méthodes de paiement traditionnelles.

Dans ce chapitre, nous explorerons les tendances qui façonnent le futur de l'e-commerce et examinerons l'évolution de la psychologie de l'argent en ligne.

En anticipant ces changements, les entreprises pourront mieux se positionner pour répondre aux besoins en constante évolution des consommateurs et rester compétitives sur la scène du commerce électronique.

Exemple concret :

Exemple concret : Tente de Camping "EcoVenture"

1. **Analyse du Marché :**
   - **Tendances du Camping :**
     1. **Glamping Écologique :** La tendance actuelle montre une demande croissante pour des produits de camping respectueux de l'environnement, en particulier le glamping (camping glamour).
     2. **Connectivité en Pleine Nature :** Les campeurs recherchent des produits offrant une connectivité, tels que des tentes équipées de ports de recharge solaire.
   - **Produits les Plus Demandés :**
     1. **Tentes Spacieuses et Légères :** Les campeurs privilégient des tentes faciles à monter, légères à transporter, mais offrant suffisamment d'espace.
     2. **Durabilité :** La demande pour des produits durables est élevée, avec un intérêt particulier pour des matériaux recyclables.
2. **Besoin du Marché :**
   - **Tente "EcoVenture" :**
     1. **Design Écologique :** Fabriquée à partir de matériaux recyclés, avec des panneaux solaires intégrés pour alimenter les petits appareils électroniques.
     2. **Facilité d'Installation :** Système de montage rapide avec des instructions simples pour répondre à la demande de simplicité.
3. **Différenciation :**
   - **Comparaison avec les Concurrents :**
     1. **Éco-friendly :** En se distinguant par son engagement envers l'environnement, la tente "EcoVenture" se démarque des tentes traditionnelles.
     2. **Technologie Intégrée :** La présence de ports de recharge solaire la distingue des autres tentes sur le marché.
4. **Prix :**
   - **Positionnement :**
     1. Le prix sera fixé légèrement au-dessus de la moyenne du marché en raison de ses caractéristiques écologiques et technologiques uniques.
5. **Validation du Produit :**
   - **Feedback des Clients Potentiels :**

1. Utilisation de sondages en ligne, forums de camping et groupes de médias sociaux pour recueillir des avis sur le concept de la tente "EcoVenture".

6. **Disponibilité des Fournisseurs :**
   - **Recherche de Fournisseurs :**
     1. Identification de fabricants spécialisés dans les matériaux écologiques et capables de produire des tentes conformes aux spécifications.

7. **Fournisseurs et Inventaire :**
   - Recherchez des fournisseurs fiables auprès de fabricants réputés d'accessoires de camping.
   - Si vous optez pour le dropshipping, trouvez des partenaires proposant une expédition rapide et des produits de qualité.

8. **Choix de la Plateforme e-commerce :**
   - Sélectionnez une plateforme conviviale comme Shopify pour la création facile de la boutique.

9. **Configuration des Paiements :**
   - Intégrez plusieurs options de paiement sécurisées, y compris les cartes de crédit, PayPal et d'autres solutions populaires.

10. **Gestion des Stocks :**
    - Utilisez des systèmes de gestion des stocks intégrés à la plateforme e-commerce ou des outils externes comme TradeGecko.

11. **Tarification et Frais :**
    - Calculez les coûts totaux, y compris les coûts de production, d'expédition et de gestion.
    - Fixez des prix compétitifs en tenant compte des marges bénéficiaires souhaitées.

12. **Création de Contenu :**
    - Rédigez des descriptions détaillées, mettant en avant les caractéristiques techniques, la durabilité et les avantages de chaque produit.
    - Utilisez des images de haute qualité montrant les produits dans des scénarios de camping réels.

13. **Options de Paiement et de Livraison :**
    - Proposez des paiements fractionnés ou d'autres options flexibles.
    - Collaborez avec des services de livraison rapides et fiables.

14. **Politique de Retour :**
    - Rédigez une politique de retour claire et transparente, précisant les conditions et les délais.
    - Assurez-vous que le processus de retour est simple et convivial.

15. **Sécurité et Confidentialité :**
    - Installez un certificat SSL pour sécuriser les données des clients.

- Clarifiez la manière dont les informations des clients sont traitées dans votre politique de confidentialité.

16. **Lancement de la Boutique en Ligne :**
   - Effectuez des tests approfondis pour garantir le bon fonctionnement de la boutique.
   - Organisez un lancement en mettant en place des promotions spéciales pour les premiers clients.

17. **Service Client :**
   - Mettez en place un chat en direct avec une équipe formée pour répondre aux questions.
   - Offrez des options de service client via e-mail, téléphone ou réseaux sociaux.

18. **Marketing en Ligne :**
   - Utilisez des techniques de référencement pour améliorer le classement de votre site dans les moteurs de recherche.
   - Lancez des campagnes publicitaires ciblées sur les réseaux sociaux, mettant en avant des offres spéciales pour les campeurs.

19. **Analyse et Ajustements :**
   - Utilisez Google Analytics pour surveiller le trafic, le taux de conversion et d'autres métriques.
   - Ajustez votre stratégie en fonction des données collectées, en identifiant les produits les plus populaires et en optimisant les pages de produits.

20. **Expédition et Suivi :**
   - Choisissez des emballages durables et écologiques.
   - Fournissez des mises à jour de suivi proactives pour rassurer les clients sur l'état de leur commande.

21. **Feedback et Améliorations Continues :**
   - Encouragez les clients à laisser des avis en offrant des incitations.
   - Utilisez les commentaires pour améliorer constamment la qualité des produits, ajuster les prix si nécessaire et optimiser l'expérience globale.

Produit : Montre Connectée "FitLife Pro"

1. **Analyse du Marché :**
   - **Tendances des Gadgets de Santé :**
     - **Suivi de la Santé :** Une demande croissante pour des dispositifs offrant des fonctionnalités de suivi de la santé telles que la fréquence cardiaque, le suivi du sommeil, etc.
     - **Connectivité :** Les consommateurs recherchent des produits qui peuvent être facilement synchronisés avec leurs smartphones pour une expérience utilisateur fluide.
   - **Produits les Plus Demandés :**
     - **Montres Connectées :** Les montres intelligentes sont devenues populaires en raison de leur polyvalence en tant que dispositifs de suivi de la santé et d'extension du smartphone.
2. **Besoin du Marché :**
   - **Montre Connectée "FitLife Pro" :**
     - **Suivi Complet de la Santé :** Fonctionnalités avancées de suivi de la fréquence cardiaque, du sommeil, du nombre de pas, et des calories brûlées.
     - **Compatibilité Universelle :** Application mobile compatible avec les principaux systèmes d'exploitation pour une synchronisation facile.
3. **Différenciation :**
   - **Comparaison avec les Concurrents :**
     - **Batterie Longue Durée :** Une autonomie de batterie exceptionnelle pour se démarquer de la concurrence.
     - **Design Élégant :** Esthétique moderne et élégante pour attirer également ceux qui recherchent un style.
4. **Prix :**
   - **Positionnement :**
     - Un prix compétitif par rapport aux autres montres connectées sur le marché, offrant une excellente valeur pour les fonctionnalités proposées.
5. **Validation du Produit :**
   - **Campagne de Précommande :**
     - Lancement d'une campagne de précommande pour évaluer l'intérêt du public et recueillir des fonds pour la production initiale.
6. **Disponibilité des Fournisseurs :**
   - **Recherche de Fournisseurs :**
     - Identification de fabricants spécialisés dans l'électronique portable avec une réputation de qualité de fabrication.

Produit : Lampe de Bureau "LuminaTech Pro"

1. **Analyse du Marché :**
   - **Tendances de l'Éclairage Intelligent :**
     - **Éclairage Ergonomique :** Une demande croissante pour des solutions d'éclairage adaptées au bien-être des utilisateurs, avec des réglages de luminosité et de température de couleur.
     - **Intégration Intelligente :** L'adoption de l'éclairage intelligent connecté à des applications mobiles pour des contrôles personnalisés.
   - **Produits les Plus Demandés :**
     - **Lampes de Bureau Intelligentes :** Les consommateurs recherchent des lampes de bureau qui offrent une luminosité ajustable, une technologie anti-éblouissement, et une connectivité intelligente.
2. **Besoin du Marché :**
   - **Lampe de Bureau "LuminaTech Pro" :**
     - **Réglages Ergonomiques :** Luminosité ajustable sur plusieurs niveaux, avec des modes de lumière naturelle pour prévenir la fatigue oculaire.
     - **Connectivité Intelligente :** Intégration avec une application mobile permettant aux utilisateurs de personnaliser les réglages et de programmer des horaires d'éclairage.
3. **Différenciation :**
   - **Comparaison avec les Concurrents :**
     - **Technologie Anti-Éblouissement :** Équipée d'une technologie spéciale pour réduire les reflets et minimiser la fatigue oculaire.
     - **Design Élégant et Minimaliste :** Un design esthétique pour s'adapter à divers environnements de travail.
4. **Prix :**
   - **Positionnement :**
     - Positionnée en tant que lampe de bureau haut de gamme avec un prix justifié par ses fonctionnalités avancées et sa qualité de fabrication.
5. **Validation du Produit :**
   - **Précommandes avec Offre Spéciale :**
     - Lancement d'une période de précommande avec une offre spéciale pour mesurer l'intérêt initial et générer un financement pour la production.
6. **Disponibilité des Fournisseurs :**
   - **Recherche de Fournisseurs :**
     - Identification de fabricants spécialisés dans les appareils d'éclairage avec une réputation de qualité et une expérience dans la fabrication de produits intelligents.

Produit : Sac à Dos "Adventure Explorer"

1. **Analyse du Marché :**
   - **Tendances du Voyage et de l'Aventure :**
     - **Voyage Durable :** Une demande croissante pour des produits durables et respectueux de l'environnement.
     - **Fonctionnalités Polyvalentes :** Les consommateurs recherchent des sacs à dos avec plusieurs compartiments, des options de charge USB, et des matériaux résistants aux intempéries.
   - **Produits les Plus Demandés :**
     - **Sacs à Dos de Voyage Polyvalents :** Les voyageurs recherchent des sacs à dos offrant une combinaison de durabilité, de fonctionnalités intelligentes, et de design esthétique.
2. **Besoin du Marché :**
   - **Sac à Dos "Adventure Explorer" :**
     - **Matériaux Durables :** Fabriqué à partir de matériaux résistants à l'eau et à l'usure pour garantir la longévité.
     - **Compartiments Multiples :** Plusieurs compartiments pour un rangement organisé, y compris une poche rembourrée pour ordinateur portable.
     - **Charge USB Intégrée :** Un port USB intégré pour permettre la recharge des appareils électroniques en déplacement.
3. **Différenciation :**
   - **Comparaison avec les Concurrents :**
     - **Design Ergonomique :** Conçu avec un dos rembourré et des bretelles ajustables pour un confort maximal pendant les voyages.
     - **Éléments de Sécurité Intégrés :** Fermetures éclair anti-effraction et réflecteurs pour la visibilité nocturne.
4. **Prix :**
   - **Positionnement :**
     - Positionné comme un sac à dos de voyage haut de gamme avec des fonctionnalités de pointe, justifiant un prix supérieur.
5. **Validation du Produit :**
   - **Campagne de Précommande avec Offre Exclusive :**
     - Lancement d'une campagne de précommande avec une offre exclusive pour évaluer l'intérêt initial et générer des fonds pour la production.
6. **Disponibilité des Fournisseurs :**
   - **Recherche de Fournisseurs :**
     - Identification de fabricants spécialisés dans la fabrication de sacs à dos durables avec une expertise dans les caractéristiques de voyage.

Produit : Machine à Café Automatique "CaféElite"

1. **Analyse du Marché :**
   - **Tendances de la Caféiculture à Domicile :**
     - **Café de Spécialité :** Une demande croissante pour des expériences caféinées haut de gamme à domicile.
     - **Technologie de Mouture Personnalisée :** Les amateurs de café recherchent des machines offrant des options de mouture personnalisée.
   - **Produits les Plus Demandés :**
     - **Machines à Café Automatiques Haut de Gamme :** Les consommateurs cherchent des machines avec des fonctionnalités avancées telles que la mouture personnalisée, la mousse de lait intégrée, et des réglages de température.
2. **Besoin du Marché :**
   - **Machine à Café Automatique "CaféElite" :**
     - **Mouture Personnalisée :** Un système de mouture intégré avec des options pour l'intensité et la finesse de la mouture.
     - **Fonction de Mousse de Lait Automatique :** Permet la création de boissons lactées comme les cappuccinos et les lattes.
     - **Connectivité Smartphone :** Une application mobile permettant de personnaliser les réglages de la machine à café à distance.
3. **Différenciation :**
   - **Comparaison avec les Concurrents :**
     - **Technologie de Mouture de Précision :** Utilise une technologie avancée pour garantir une mouture uniforme et optimale.
     - **Design Élégant et Compact :** Conçu pour s'adapter à n'importe quelle cuisine moderne sans compromettre les fonctionnalités.
4. **Prix :**
   - **Positionnement :**
     - Positionné comme une machine à café automatique haut de gamme offrant des fonctionnalités avancées, justifiant un prix supérieur.
5. **Validation du Produit :**
   - **Lancement avec Offre Spéciale :**
     - Lancement initial avec une offre spéciale pour inciter les premiers acheteurs et obtenir des retours sur l'expérience utilisateur.
6. **Disponibilité des Fournisseurs :**
   - **Recherche de Fournisseurs :**
     - Identification de fabricants spécialisés dans les machines à café haut de gamme avec une réputation de qualité et d'innovation.

Produit : Lampe Connectée "SmartGlow"

1. **Analyse du Marché :**
   - **Tendances de l'Éclairage Intelligent :**
     - **Domotique et Connectivité :** Une demande croissante pour des produits d'éclairage compatibles avec les systèmes de domotique.
     - **Éclairage Ambiant Personnalisé :** Les consommateurs recherchent des lampes offrant des options d'éclairage ajustables et des scénarios personnalisables.
   - **Produits les Plus Demandés :**
     - **Lampes Connectées avec Contrôle Vocal :** Les consommateurs sont attirés par des lampes qui peuvent être contrôlées via des assistants vocaux et des applications mobiles.
2. **Besoin du Marché :**
   - **Lampe Connectée "SmartGlow" :**
     - **Contrôle Vocal :** Compatible avec les assistants vocaux populaires pour permettre le contrôle vocal.
     - **Variation de Couleur et d'Intensité :** Offre une large gamme de couleurs et de niveaux d'intensité pour créer une ambiance personnalisée.
     - **Programmation d'Horaires :** Permet aux utilisateurs de programmer l'allumage et l'extinction automatiques selon leur emploi du temps.
3. **Différenciation :**
   - **Comparaison avec les Concurrents :**
     - **Technologie LED Économe en Énergie :** Utilise des ampoules LED écoénergétiques pour une efficacité énergétique accrue.
     - **Intégration avec les Systèmes Domotiques Courants :** Compatible avec les principaux systèmes domotiques pour une expérience intégrée.
4. **Prix :**
   - **Positionnement :**
     - Positionné comme une lampe connectée haut de gamme offrant des fonctionnalités avancées, justifiant un prix légèrement supérieur.
5. **Validation du Produit :**
   - **Campagne de Précommande avec Offre Exclusive :**
     - Lancement d'une campagne de précommande avec une offre exclusive pour évaluer l'intérêt initial et obtenir des retours sur les fonctionnalités.
6. **Disponibilité des Fournisseurs :**
   - **Recherche de Fournisseurs :**
     - Identification de fabricants spécialisés dans les éclairages connectés avec une réputation de qualité et de fiabilité.

Produit : Sac à Dos Anti-vol "SecurePack"

1. **Analyse du Marché :**
   - **Tendances des Accessoires de Voyage Sécurisés :**
     - **Sécurité et Fonctionnalité :** Une demande croissante pour des sacs à dos offrant des fonctionnalités anti-vol tout en restant pratiques pour les voyages.
     - **Connectivité Intégrée :** Les consommateurs recherchent des sacs équipés de dispositifs de suivi ou de chargeurs intégrés.
   - **Produits les Plus Demandés :**
     - **Sacs à Dos avec Fermetures Éclair Cachées :** Les consommateurs préfèrent des sacs conçus avec des fermetures éclair dissimulées pour réduire le risque de vol.
     - **Chargeurs USB Intégrés :** Une fonctionnalité appréciée pour rester connecté en déplacement.
2. **Besoin du Marché :**
   - **Sac à Dos Anti-vol "SecurePack" :**
     - **Fermetures Éclair Dissimulées :** Conception avec des fermetures éclair placées stratégiquement pour minimiser les risques de vol.
     - **Compartiment de Rangement pour Ordinateur Portable :** Un compartiment rembourré pour sécuriser les appareils électroniques.
     - **Chargeur USB Intégré :** Intègre un chargeur USB pour permettre aux utilisateurs de recharger leurs appareils pendant leurs déplacements.
3. **Différenciation :**
   - **Comparaison avec les Concurrents :**
     - **Matériaux Durables et Résistants à l'Eau :** Utilise des matériaux de haute qualité et résistants à l'eau pour assurer la durabilité.
     - **Système de Suivi GPS en Option :** Offre une option pour un dispositif de suivi GPS pour une sécurité accrue.
4. **Prix :**
   - **Positionnement :**

- Positionné comme un sac à dos de voyage haut de gamme offrant des fonctionnalités anti-vol avancées, justifiant un prix compétitif.

5. **Validation du Produit :**
   - **Précommandes avec Garantie de Remboursement :**
     - Lancement d'une campagne de précommande avec une garantie de remboursement pour évaluer la demande du marché et générer de l'engagement.
6. **Disponibilité des Fournisseurs :**
   - **Recherche de Fournisseurs :**
     - Identification de fabricants spécialisés dans les sacs à dos de voyage sécurisés avec une réputation de qualité.

Cette analyse détaillée met en avant le "SecurePack", un sac à dos anti-vol conçu pour répondre aux besoins croissants des voyageurs soucieux de la sécurité.

Produit : Montre Connectée "SmartFit"

1. **Analyse du Marché :**
   - **Tendances des Accessoires de Santé Connectés :**
     - **Suivi de la Santé :** Une demande croissante pour des montres connectées offrant des fonctionnalités de suivi de la santé.
     - **Intégration avec les Smartphones :** Les consommateurs recherchent des montres compatibles avec leurs smartphones pour une expérience connectée.
   - **Produits les Plus Demandés :**
     - **Montres avec Capteurs de Santé :** Les consommateurs apprécient les dispositifs qui mesurent la fréquence cardiaque, la qualité du sommeil, etc.
     - **Notifications Smartphone :** Une fonctionnalité clé pour recevoir des notifications directement sur la montre.
2. **Besoin du Marché :**
   - **Montre Connectée "SmartFit" :**
     - **Suivi de la Santé Avancé :** Capteurs de fréquence cardiaque, suivi du sommeil, podomètre intégré, etc.
     - **Compatibilité Smartphone :** Connectivité avec les smartphones iOS et Android pour synchroniser les données et recevoir des notifications.
     - **Design Élégant et Personnalisable :** Une esthétique moderne avec des options de personnalisation pour s'adapter aux goûts individuels.
3. **Différenciation :**
   - **Comparaison avec les Concurrents :**
     - **Étanchéité et Résistance aux Chocs :** Conception durable avec une résistance à l'eau et aux chocs pour une utilisation quotidienne.
     - **Batterie Longue Durée :** Autonomie de la batterie supérieure à la moyenne pour une utilisation prolongée entre les charges.
4. **Prix :**
   - **Positionnement :**

- Positionné comme une montre connectée haut de gamme axée sur la santé, offrant des fonctionnalités avancées à un prix compétitif.

5. **Validation du Produit :**
   - **Campagne de Précommande avec Remise Exclusive :**
     - Lancement d'une campagne de précommande offrant une remise exclusive pour mesurer l'intérêt initial et collecter des commentaires.
6. **Disponibilité des Fournisseurs :**
   - **Recherche de Fournisseurs :**
     - Identification de fabricants spécialisés dans les montres connectées avec une expertise avérée dans la santé et la technologie portable.

Cette analyse détaillée met en avant la "SmartFit", une montre connectée conçue pour répondre à la demande croissante d'accessoires de santé connectés tout en offrant des caractéristiques de pointe et un design élégant.

Produit : Ensemble de Cuisine "CulinaryMaster"

1. **Analyse du Marché :**
   - **Tendances des Ustensiles de Cuisine Innovants :**
     - **Cuisiner à la Maison :** Une augmentation de la demande pour des ustensiles de cuisine de qualité à mesure que de plus en plus de personnes cuisinent chez elles.
     - **Design Ergonomique :** Les consommateurs recherchent des ensembles de cuisine au design innovant et ergonomique.
   - **Produits les Plus Demandés :**
     - **Ensembles Polyvalents :** Des ensembles qui offrent une variété d'ustensiles pour répondre à différents besoins de cuisson.
     - **Matériaux Durables et Sûrs :** Une préférence pour des matériaux de haute qualité et sans danger pour la cuisine.
2. **Besoin du Marché :**
   - **Ensemble de Cuisine "CulinaryMaster" :**
     - **Ensemble Polyvalent :** Comprend une variété d'ustensiles tels que des couteaux de chef, des spatules, des cuillères en bois, etc.
     - **Design Ergonomique :** Poignées ergonomiques pour une prise en main confortable pendant la cuisson.
     - **Matériaux de Qualité Alimentaire :** Fabriqué avec des matériaux sûrs pour la cuisine, tels que l'acier inoxydable et le silicone.
3. **Différenciation :**
   - **Comparaison avec les Concurrents :**
     - **Revêtement Antiadhésif de Haute Qualité :** Ustensiles dotés d'un revêtement antiadhésif durable pour une cuisson sans tracas.
     - **Support de Rangement Inclus :** Offre un support de rangement pour un accès facile et une organisation efficace.
4. **Prix :**
   - **Positionnement :**
     - Positionné comme un ensemble de cuisine de qualité premium, offrant un design innovant et des fonctionnalités pratiques à un prix compétitif.
5. **Validation du Produit :**
   - **Test Produit avec des Chefs Cuisiniers :**
     - Collaboration avec des chefs cuisiniers pour tester et valider la performance de l'ensemble "CulinaryMaster".
6. **Disponibilité des Fournisseurs :**
   - **Recherche de Fournisseurs de Confiance :**
     - Identification de fabricants spécialisés dans la production d'ustensiles de cuisine de haute qualité.

Cette analyse détaillée présente le "CulinaryMaster", un ensemble de cuisine conçu pour répondre à la demande croissante d'ustensiles de cuisine innovants et de qualité supérieure pour les amateurs de cuisine à domicile.

Produit : Vélo Électrique "EcoRide Pro+"

1. **Analyse du Marché :**
   - **Tendances du Transport Écologique :**
     - **Popularité des Véhicules Électriques :** La demande croissante pour des modes de transport écologiques, en particulier les vélos électriques.
     - **Intérêt pour la Mobilité Durable :** Les consommateurs recherchent des alternatives durables pour leurs déplacements quotidiens.
   - **Produits les Plus Demandés :**
     - **Vélos Électriques Haute Performance :** Des vélos avec une autonomie étendue, des caractéristiques robustes et une conception moderne.
     - **Technologie Intelligente Intégrée :** L'intégration de la technologie connectée pour suivre les données de performance et offrir une expérience améliorée.
2. **Besoin du Marché :**
   - **Vélo Électrique "EcoRide Pro+" :**
     - **Autonomie Étendue :** Batterie puissante permettant une longue distance par charge.
     - **Conception Pliable :** Facilité de stockage et de transport, idéal pour les déplacements urbains.
     - **Écran Tactile Intelligent :** Tableau de bord intégré pour suivre la vitesse, la distance parcourue et les niveaux de batterie.
3. **Différenciation :**
   - **Comparaison avec les Concurrents :**
     - **Système de Freinage Avancé :** Freins hydrauliques offrant une sécurité accrue.
     - **Cadre en Aluminium Léger :** Conception légère pour une maniabilité optimale.
4. **Prix :**
   - **Positionnement :**
     - Positionné comme un vélo électrique haut de gamme avec des fonctionnalités avancées, mais offrant un rapport qualité-prix compétitif.

5. **Validation du Produit :**
   - **Campagne de Précommande avec Essais sur le Terrain :**
     - Lancement d'une campagne de précommande offrant des essais sur le terrain dans différentes villes pour recueillir des retours des utilisateurs potentiels.
6. **Disponibilité des Fournisseurs :**
   - **Recherche de Fournisseurs Certifiés :**
     - Identification de fabricants spécialisés dans la production de vélos électriques, avec des certifications pour la qualité et la sécurité.

Cette analyse détaillée présente l'"EcoRide Pro+", un vélo électrique conçu pour répondre à la demande croissante de solutions de transport écologiques et offre des fonctionnalités haut de gamme pour une expérience de conduite optimale.

Produit : Système de Surveillance Domestique "SecureHome Pro"

1. **Analyse du Marché :**
   - **Tendances de la Sécurité Domestique Connectée :**
     - **Demande Croissante pour la Sécurité à Domicile :** Les consommateurs recherchent des solutions de surveillance intelligentes pour renforcer la sécurité de leur domicile.
     - **Intérêt pour la Connectivité :** La préférence pour des systèmes intégrés connectés à des applications mobiles.
   - **Produits les Plus Demandés :**
     - **Caméras de Sécurité Intérieures/Extérieures :** Une demande élevée pour des caméras haute résolution avec vision nocturne.
     - **Systèmes d'Alerte Intelligents :** Des dispositifs capables de détecter et de signaler les intrusions ou les situations anormales.
2. **Besoin du Marché :**
   - **SecureHome Pro :**
     - **Caméras Haute Définition :** Caméras 4K avec capacités de panoramique et d'inclinaison pour une surveillance complète.
     - **Détecteurs de Mouvement Avancés :** Capables de différencier les mouvements humains des mouvements animaux ou des objets inoffensifs.
     - **Intégration avec les Smartphones :** Application mobile intuitive permettant aux utilisateurs de surveiller en temps réel et de recevoir des alertes.
3. **Différenciation :**
   - **Comparaison avec les Concurrents :**
     - **Stockage Cloud Gratuit :** Offre un espace de stockage cloud gratuit pour les enregistrements, éliminant les coûts mensuels supplémentaires.
     - **Compatibilité avec les Plates-formes Domotiques :** Intégration avec les systèmes domotiques populaires pour une expérience connectée complète.
4. **Prix :**
   - **Positionnement :**
     - Positionné comme un système de surveillance haut de gamme offrant des fonctionnalités avancées à un prix compétitif sur le marché.
5. **Validation du Produit :**
   - **Essais Bêta avec des Communautés de Sécurité :**
     - Lancement d'une phase d'essais bêta avec des utilisateurs pour recueillir des commentaires et optimiser les fonctionnalités.

6. **Disponibilité des Fournisseurs :**
   - **Partenariat avec des Fabricants de Composants Électroniques :**
      - Établissement de partenariats avec des fabricants spécialisés dans les composants électroniques pour assurer la qualité et la fiabilité du produit.

Cette analyse détaillée présente le "SecureHome Pro", un système de surveillance domestique avancé conçu pour répondre à la demande croissante de solutions de sécurité intelligentes et intégrées.

Produit : Machine à Café Automatique "CaféMaestro"

1. **Analyse du Marché :**
   - **Tendances du Café de Spécialité à Domicile :**
     - **Engouement pour le Café de Qualité :** La demande croissante pour des expériences de café de qualité à domicile.
     - **Intérêt pour la Personnalisation :** Les consommateurs recherchent des options de personnalisation pour répondre à leurs préférences de goût.
   - **Produits les Plus Demandés :**
     - **Machines à Café Automatiques :** La préférence pour des machines offrant une variété de styles de café sans nécessiter de compétences baristas.
     - **Moulins à Café Intégrés :** L'appréciation des amateurs de café pour la fraîcheur des grains moulus juste avant l'infusion.
2. **Besoin du Marché :**
   - **CaféMaestro :**
     - **Broyeur Conique Haut de Gamme :** Un moulin intégré utilisant une meule conique pour une mouture uniforme.
     - **Options de Personnalisation :** Permet aux utilisateurs de régler la mouture, la température et la force du café.
     - **Système de Lait Automatique :** Fonctionnalité pour créer des boissons lactées avec une mousse de lait onctueuse.
3. **Différenciation :**
   - **Comparaison avec les Concurrents :**
     - **Technologie de Pré-infusion :** Offre une pré-infusion pour une extraction optimale des arômes.
     - **Écran Tactile Intuitif :** Interface conviviale pour une utilisation facile.
4. **Prix :**
   - **Positionnement :**
     - Positionné comme une machine à café haut de gamme, offrant des fonctionnalités avancées à un prix concurrentiel.
5. **Validation du Produit :**
   - **Campagne de Préventes avec Démo en Magasin :**

- Lancement d'une campagne de préventes avec des démonstrations en magasin pour permettre aux consommateurs de vivre l'expérience CaféMaestro.

6. **Disponibilité des Fournisseurs :**
   - **Collaboration avec des Fabricants de Machines à Café Éprouvés :**
     - Établissement de partenariats avec des fabricants reconnus pour assurer la qualité de fabrication.

Cette analyse détaillée présente le "CaféMaestro", une machine à café automatique haut de gamme conçue pour les amateurs de café de spécialité recherchant une expérience de café personnalisée à domicile.

Produit : Smartwatch "TechFit Pro"

1. **Analyse du Marché :**
   - **Tendances dans la Technologie Portable :**
     - **Intérêt Croissant pour les Dispositifs de Suivi de la Santé :** La demande pour des produits qui surveillent la condition physique et le bien-être.
     - **Convergence de la Technologie :** Les consommateurs recherchent des appareils polyvalents qui combinent fitness, notifications et connectivité.
   - **Produits les Plus Demandés :**
     - **Smartwatches avec Fonctions de Santé :** La popularité des montres intelligentes offrant des fonctionnalités avancées de suivi de la santé.
     - **Autonomie de Batterie Prolongée :** La préférence pour des appareils qui nécessitent moins de recharges fréquentes.
2. **Besoin du Marché :**
   - **TechFit Pro :**
     - **Suivi Complet de la Santé :** Capteurs pour surveiller la fréquence cardiaque, l'activité physique, le sommeil, etc.
     - **Étanche et Robuste :** Conception résistante à l'eau pour un usage quotidien, y compris la natation.
     - **Intégration des Notifications :** Connectivité avec les smartphones pour recevoir des notifications directement sur la montre.
3. **Différenciation :**
   - **Comparaison avec les Concurrents :**
     - **Écran Tactile AMOLED :** Offre une qualité d'affichage supérieure pour une expérience visuelle optimale.
     - **Analyse Avancée du Sommeil :** Algorithme intelligent pour fournir des informations détaillées sur la qualité du sommeil.
4. **Prix :**
   - **Positionnement :**
     - Positionné comme une smartwatch haut de gamme, offrant des fonctionnalités de suivi de la santé avancées à un prix compétitif.

5. **Validation du Produit :**
   - **Précommandes avec Essais en Magasin :**
     - Lancement d'une campagne de précommandes avec des démonstrations en magasin pour permettre aux utilisateurs d'essayer le produit.
6. **Disponibilité des Fournisseurs :**
   - **Partenariat avec des Fabricants de Composants Électroniques Réputés :**
     - Collaboration avec des fabricants renommés pour garantir la qualité des composants électroniques.

Cette analyse détaillée présente le "TechFit Pro", une smartwatch conçue pour répondre à la demande croissante de dispositifs de suivi de la santé, offrant des fonctionnalités avancées dans un design élégant et durable.

Conclusion

Récapitulation des Principaux Points :

Au fil de ce voyage à travers les rouages du commerce électronique et de la psychologie de l'argent en ligne, nous avons exploré un éventail vaste et captivant de sujets. Des fondements de l'e-commerce aux tendances émergentes, des stratégies de tarification à l'impact émotionnel sur les décisions d'achat, chaque chapitre a offert un aperçu approfondi des dynamiques complexes qui animent le monde numérique du shopping.

Nous avons scruté les succès et les échecs, appris des erreurs courantes, et plongé dans l'art subtil de la fidélisation des clients. Nous avons examiné comment les émotions influencent les choix d'achat et sondé l'avenir, explorant les tendances qui redéfiniront l'e-commerce et l'évolution de la psychologie de l'argent en ligne.

Encouragements pour les Entrepreneurs en E-commerce :

Aux entrepreneurs qui entreprennent le défi du commerce électronique, rappelez-vous que chaque obstacle est une opportunité déguisée. Comprenez votre public, soyez agiles dans l'adaptation aux nouvelles tendances, et cultivez la confiance de vos clients à chaque étape. Les erreurs ne sont pas des échecs définitifs, mais des occasions d'apprendre et de grandir.

Soyez attentifs aux émotions qui guident les choix de vos clients, et n'oubliez pas l'importance de créer des expériences mémorables. L'e-commerce est un terrain fertile pour l'innovation et la créativité, alors osez penser différemment et explorez de nouvelles façons d'engager votre audience.

En fin de compte, le succès dans le commerce électronique repose sur la compréhension profonde de votre marché, l'attention aux détails dans l'expérience client, et la volonté constante de s'adapter aux évolutions du paysage numérique. Avec passion, persévérance et une compréhension aiguisée des principes discutés ici, vous pouvez façonner un avenir prospère dans le monde dynamique du commerce en ligne. Bonne chance !